Todos Los derechos reservados.

Este libro, o partes de el, no pueden ser reproducidos en ninguna capacidad sin el permiso escrito de los propietarios.

Quisiera dedicarle este libro a Dios, por ayudarme a compartir esta historia y enviarme las personas indicadas para poder publicarlo. También quisiera dedicarle este libro a todas las niñas que están sobreviviendo la separación de sus padres. No se olviden de orar y escribir en sus diarios. Y recuerden que no importa lo que pase, Dios cuidara de ti y tu familia.

Me encanta reírme todo el tiempo. Mi papá es divertidísimo. A veces, me hace reír tanto que me comienza a dolor el estómago.

¿Has tenido a alguien en tu vida que signifique tanto para ti y poof, desaparecen?

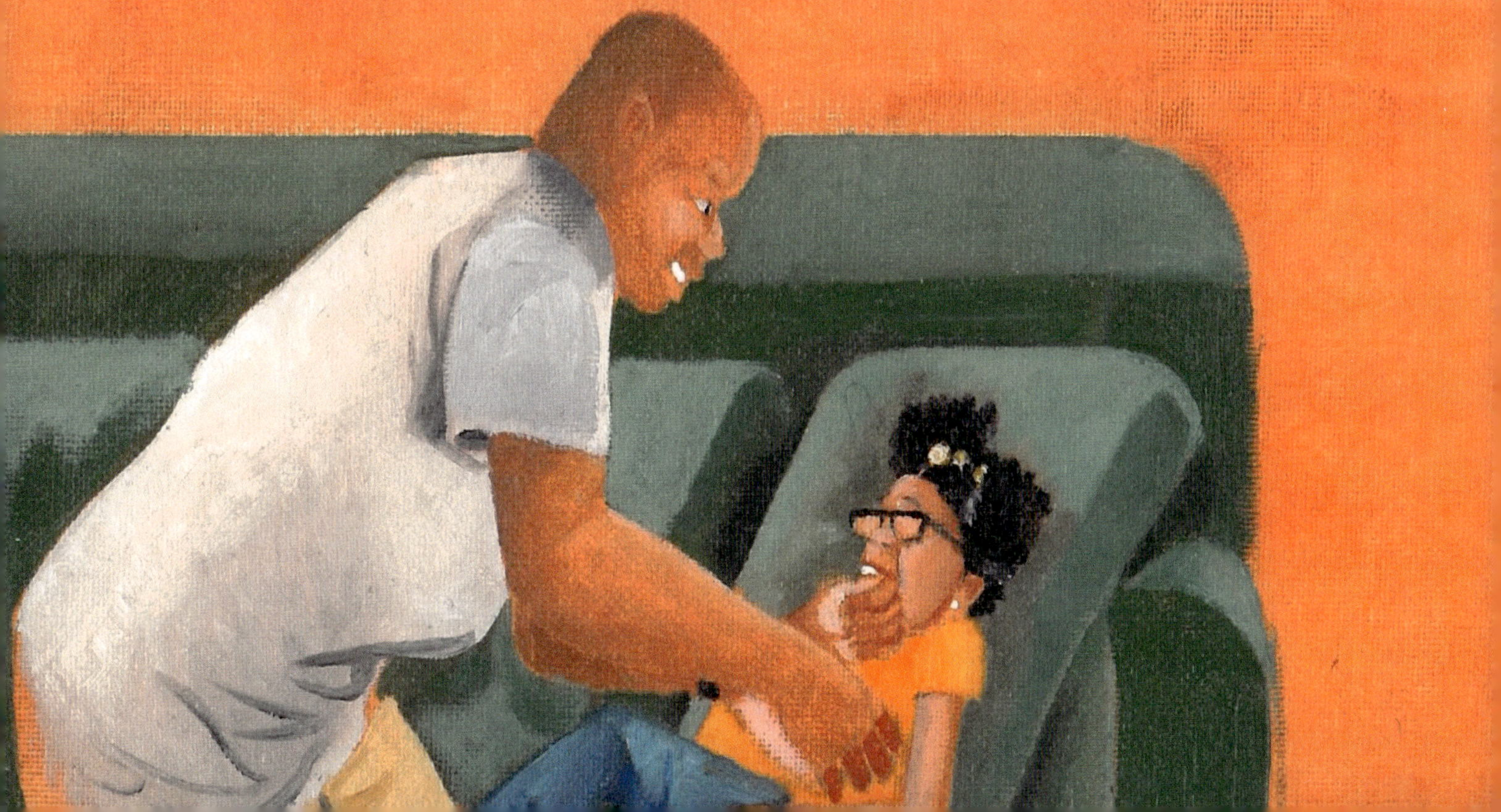

Un día, mi mamá nos dijo unas palabras que jamás pensé que oiría.

"Papá ya no vivirá con nosotros." dijo ella.

"¿Por qué?" pregunté.

Mi mamá comenzó a hablar pero yo no escuché ninguna palabra de lo que dijo. Me sentí como si estuviera en el fondo del océano, sola.

Yo amo a mi familia. Son mis personas favoritas. Cuando pasan cosas que te separan de tu familia, duele.
Duele mucho.

Mi papá es mi mejor amigo. Saber que no lo iba a ver todos los días, me rompió el corazón.
No podía detener las lagrimas.

Poco después que papá se mudó fuera de la casa, el teléfono empezó a sonar. Mi hermana, Jojo, gritó!

"Jakayla, Papá está en el teléfono.

Traté de hablar con Papá pero no me salieron las palabras. No dejaba de llorar. Mi corazón tenía mucho que decir, pero nada salía de mis labios.

Jojo me quitó el teléfono y le dijo a Papá que no entendía lo que yo estaba diciendo. Yo contesté el teléfono en el otro cuarto. Estaba callada, pero papá sabía que yo estaba en la línea. Él comenzó a hablarme y tratar de calmarme. "Jakayla. Jakayla. Mi amor, deja de llorar. No te preocupes por esto. Dios encontrará la manera de consolarte, no sólo a ti, a todos nosotros." Papá dijo tranquilamente.

De repente, dejé de llorar. Su voz comenzó a calmarme. Era como si sus palabras me estaban abrazando. Yo podía sentir sus brazos alrededor de mi cuerpo. Siguió hablando, "¿Qué te parece si una vez al mes, salimos tu y yo, aparte de nuestras otras visitas?"

"¿Sólo tu y yo?" pregunté.

"Sólo tu y yo" respondió.

Comencé a sentirme mejor. Papá y yo comenzamos a planear nuestra primera cita. Cuando colgué el teléfono estaba muy emocionada aunque todavía me dolía el corazón.

Esa noche fue la primera vez que Papá no me metió a la cama. Dijimos nuestras oraciones y le pedí a Dios que aliviara mi dolor. Le pedí que ayudara a mis padres para que se amaran otra vez y regresáramos a ser una gran familia feliz como antes. Cerré mis ojos y me fui a dormir esperando que Papá estuviera en casa en la mañana.

Hablé con Papá todos los días. Hablando por medio de Facetime cuando no estaba en el trabajo, pero nada se comparaba a tenerlo conmigo.

¡Hoy es el día!

Fui la primera en levantarse. Era hora de la primera cita con papá desde que él se fue de la casa. Antes de salir conmigo, salió con mi hermana. Estaba ansiosa esperando su regreso.

Habíamos tenido citas un millón de veces antes, pero esta vez era diferente porque papá ya no vivía con nosotros.

Papá no llamó al regresar. Cuando contesté, el dijo, "Hola mi bebé. Acabo de llegar. ¿Estás lista?"

"¡Sí Papá! Estoy caminando hacia afuera."

Corrí hacia abajo sonriendo de oreja a oreja. No me aguantaba las ganas de darle el abrazo más grande.

"¿Para dónde vamos, Papá?" pregunté. "Es una sorpresa Jakayla. Te llevaré a unos de tus lugares favoritos," dijo Papá.

Sonreí porque Papá no podía engañarme. Siempre me ha encantado ir al parque con Papá, sabía que para allá me llevaba.

Tal como pensé, fuimos al parque. Al salir del carro nos fuimos directamente a los columpios. Papá siempre me empuja hasta que llegar al cielo. Por eso quería que comenzamos nuestra cita con los columpios.

Mi Papá es un Guardia Nacional del ejército, él siempre nos trate como si fuera nuestro sargento de instrucción en el parque. ¡Siempre es muy divertido! Sabía que hoy no sería diferente.

Mientras subía el muro de escalar, él gritaba "Bien soldado, No te rindas. Puedes hacerlo. Llegar a la cima y luego desliza hacia abajo."

Al llegar a la cima de la resbaladera, no podía bajar sin antes enviarle un gran abrazo a Papá.

"Mira Papá," le dije, "Así de tanto te amo" y comienzo a extender mis brazos lo mas que puedo.

"Yo también te amo mi niña" me respondió.

Me deslizo en el resbaladera riéndome muy fuerte. Una y otra vez hice los ejercicios de Papá.
Yo he ido al parque con Papá cienes de veces pero esta ha sido la mejor de todas.

Hasta que llegó la hora que me traerá a casa.

Papá mantuvo su promesa a mi hermana y yo. Aunque nos visitaba seguidamente, el siempre nos llevaba en citas separadas una vez al mes.

A veces hacíamos cosas lujosas y a veces solo íbamos a comer. Papá siempre me dejaba escoger el restaurante. No importa lo que hacíamos, siempre nos divertíamos mucho.

Hasta me llevo al baile de Papás y Hijas en mi escuela. El fue el Papá más divertido allí. Bailamos todo la noche.

Me encanta andar en la bicicleta, especialmente con Papá.
Por fin aprendí a montar sin ruedas de entrenamiento.

El parque de trampolín interno siempre ha sido uno de los lugares favoritos de nuestra familia. Me encanta ir allí una y otra vez cuando Papá me lleva en nuestras citas especiales. ¿A quién no le gustaría estar en un lugar que le deja saltar dentro? Papá siempre disfruta saltar en los cajones llenos de bloques de espuma.

No me importaba lo que hacíamos con tal, que lo hacíamos juntos. Papá hacía cada cita muy especial.

¿Adivina qué más? Todavía seguimos la misma rutina en la noche, como antes de la separación. Papá me lee una historia y me mete a la cama después de decir mis oraciones. En las noches donde no está allí, lo hacemos por medio de Facetime

Pasar por una separación familiar, no es divertido. Algunos días son mejores que otros, pero seguimos adelante. Dios nos ayudó a volver hacer una familia. Hicimos muchas cosas para mantener nuestra Fe sabiendo que Dios sanara a nuestra familia.

Las citas con Papá fueron mis favoritas, porque soy la Niña de Papá!

## Sobre el Autor

Jakayla Green tiene 9 años, está en el tercer grado con notas excelentes. Le encantan las ciencias y las matemáticas, pero las ciencias es su materia favorita. Al crecer quiere ser una científica y artista.

Jakayla lee, lee, y lee mucho, y le fascina la tecnología. Es la niña más eficaz con la tecnología en el 3cer grado que conocerás. Jakayla también es la asistente creativa y co-anfitriona en el show de su hermana, ella también tiene su propio show titulado Kayla's Korner.

Ella es la hija de Jason y Tamell Green y es la hermana menor de Jasiya Green (12) y la hermana mayor de Jason Green II (3). Le encanta ser la hija del medio porque tiene la posición única de ser una hermana menor y una hermana mayor.

Para aprender más sobre Jakayla, visita su página de Facebook www.facebook.com/jakaylamgreen

## Cita Favorita

"Todo lo puedo en Cristo que me fortalece"

- Filipenses 4:13

# Preguntas de Discusión

1. ¿Que te gusto sobre este libro?
2. ¿Recomendarías este libro a otras personas? ¿Por que o por que no?
3. ¿Cómo crees que se sintieron Jakayla y su hermana cuando su mamá les contó que su papá ya no viviría con ellas?
4. ¿Has estado separado (a) de algún familiar por un largo tiempo? ¿Cómo te sentiste? ¿Que hiciste para comunicarte con ellos?
5. ¿Estás satisfecho (a) con el final? ¿Por que o por que no?
6. ¿Cómo te sentirías si estuvieras en la misma situación de Jakayla?
7. Jakayla y su Papá fueron en citas especiales para mantener su relación durante una temporada difícil. ¿Puedes sugerir algunas ideas para citas especiales con Papá?
8. ¿Cuál fue tu parte favorita de la historia?
9. ¿Si este libro fuese una película, a quién escogerías para las partes principales?
10. ¿Que otros títulos pudo haber usado el autor de este libro?

Por Favor envíanos una foto de ti y tus padres o tu grupo de lectura con este libro a jakaylamgreen@gmail.com o etiqueta la página de Jakayla en Facebook www.facebook.com/jakaylamgreen. También la puedes etiquetar en Instagram @daddysgirl_jmg. Si gustas puedes revisar este libro en la página de Jakayla en Facebook o envíanos un video con tus comentarios a nuestro correo electrónico. Cualquier material recibido será usado para propósitos de marketing.

Gracias por apoyarnos.

Made in the USA
Columbia, SC
02 March 2021